CATALOGUE

DE

TABLEAUX MODERNES

Et Anciens

AQUARELLES, PASTELS, DESSINS

PAR

BASTIEN-LEPAGE, BOUDIN, BOUGUEREAU, CALS, COROT, DAMOYE

DELPY, FEYEN-PERRIN, GAGLIARDINI, J. GARNIER

HARPIGNIES, HUGUET, JACQUEMART, JAPY, LA ROCHENOIRE

LAVIEILLE, LHERMITTE, MONTICELLI

PASINI, PELOUSE, PUVIS DE CHAVANNES, ROYBET, TROYON, ETC.

GRAVURES

DONT LA VENTE AURA LIEU

HOTEL DROUOT, SALLE Nº 1

Le Jeudi 21 Juin 1900

à deux heures

COMMISSAIRE-PRISEUR	EXPERT
Me PAUL CHEVALLIER	M. GEORGES PETIT
10, rue Grange-Batelière, 10	*12, rue Godot-de-Mauroi, 12*

EXPOSITION PUBLIQUE

Le Mercredi 20 Juin 1900, de 1 heure 1/2 à 5 heures 1/2

DÉSIGNATION

TABLEAUX ANCIENS

Baudoin (Pierre-Antoine)

I — *La Fille mal gardée.*

A droite, la jeune fille en décolleté de nuit vient de surgir de sa couchette. Ses pieds se posent avec précaution sur le plancher. Les draps mal tirés laissent à découvert le traversin et les matelas à la couture défaite. Par la fenêtre à demi ouverte, à droite, un galant pénètre dans la pièce, tenant dans la main droite ses deux souliers et s'appuyant de la main gauche contre le montant fermé de la fenêtre. A gauche, par la porte entr'ouverte, on aperçoit dans le lit familial les deux époux, dormant le sommeil tranquille des automnes qui ne se souviennent plus d'avril.

Toile. Haut., 73 cent.; larg., 59 cent.

Tiepolo

2 — *Esquisse pour un plafond.*

A droite, porté sur une nuée, le prophète
au front rayonnant, à l'œil chargé de foudre.
Près de lui, une autre figure d'homme à
grande barbe, dont la main se lève et indique
la profondeur du ciel. A gauche, des groupes
d'hommes, de femmes et d'enfants, tournant
vers la figure menaçante de suppliantes
mains.

Toile. Haut., 38 cent.; larg., 54 cent.

TABLEAUX MODERNES

Appian

3 — *Le Passage du pont de pierre.*

Signé à droite, en bas.

Toile. Haut., 40 cent.; larg., 66 cent.

Arbeit

4 — *Un coin du Neuveyen (Alsace).*

Signé à gauche, en bas.

Toile. Haut., 41 cent.; larg., 62 cent.

Bastien-Lepage (Jules)

5 — *L'Église.*

A gauche, debout parmi les mousses qui garnissent le sol, des Bretonnes en robes noires et coiffes blanches sont arrêtées et regardent au loin la mer calme sur le miroir de laquelle se balance une barque à la voile brune.

A droite, bordant une large place, les maisons s'alignent.

Au-devant de celles qui forment le retrait de la place, se dresse la tourelle d'un phare ; puis, au milieu, l'église avec son petit clocher aigu et au chevet, une large baie ogivale garnie de vitraux.

Au-dessus de la petite ville, le ciel plane profond, tout vibrant de lumière, accrochant à la silhouette des choses de belles broderies ambrées.

Signé à gauche, en bas, et daté : *1883.*

Toile. Haut., 54 cent.; larg., 70 **cent.**

Boudin

6 — *A la sortie de la jetée; marée basse.*

Au milieu, l'eau qui se retire toute frissonnante de reflets. A gauche, une barque à voiles à l'abri de la jetée aux solives de bois noir. A droite, le quai. Un bateau est amarré vers le milieu, au fond, à la sortie du bassin. Au premier plan, deux hommes manœuvrent une barque. Au fond, la mer sous un ciel azuré en partie caché par une large nuée d'orage.

Signé à droite, en bas.

Panneau. Haut., 24 cent.; larg., 32 cent.

Boudin

7 — *La Plage de Deauville, à marée basse.*

Au fond, la ligne de l'horizon, où le ciel s'appuie sur la mer ; un ciel d'azur, au-devant duquel s'envolent de grandes nuées blanches. Quelques barques de pêche dressent leur voilure sur cet écran de lumière. Aux premiers plans, le sable de la plage est découvert. Mais, de place en place, le remous des vagues passées a dessiné des vallonnements dont les courbes demeurent emplies d'eau et forment des mares étroites où frissonnent les reflets d'en haut. Vers la droite, les figures des promeneurs se dessinent par petits groupes, et, vers le fond, à l'endroit où la vague déferle, une vague à peine brodée d'écume des jours calmes, on devine toute une légion de baigneurs.

Signé à droite, en bas.

A gauche, cette indication : *Deauville.*

Toile. Haut., 37 cent.; larg., 57 cent.

Boudin

8 — *Les Sloops de pêche.*

A droite, le long du bord, trois sloops de pêche à la haute mâture sont amarrés. Le ciel, d'une grisaille lumineuse, fait tomber et papillonner des reflets à la surface de l'eau.

Signé à droite, en bas.

Panneau. Haut., 32 cent. 1/2 ; larg., 24 cent.

Boudin

9 — *La Barque échouée.*

A gauche, la jetée, au bas de laquelle, sur le sable, une barque à voiles est échouée. A droite, une autre barque près du bord. Au milieu, un homme dont le bachot est à l'ancre.

Signé à gauche, en bas.

Panneau. Haut., 27 cent.; larg., 22 cent.

Cals (Adolphe-Félix)

10 — *Le Livre d'images.*

Dans un coin de la chaumière, éclairée par un rayon de lumière, deux fillettes sont assises, sages et souriantes. Elles suivent attentivement les figures peintes sur les images que l'une d'elles tient développées sur ses genoux. L'une d'elles, celle de droite, est presque de face ; l'autre, à gauche, est vue de profil à droite. Contre le mur, une autre image est accrochée.

Signé à droite, en haut.

Daté : *1866*.

Toile. Haut., 81 cent.; larg., 65 cent.

Cals (Adolphe-Félix)

11 — *Le Pêcheur au filet.*

Il est vu assis, vêtu de grosse bure, la tête coiffée d'un bonnet bleu rayé de blanc.

Il tient en ses mains un filet dont il raccommode les mailles.

A gauche, au fond, une crédence surmontée d'une étagère où sont rangées diverses poteries.

Signé à gauche, en bas : *Cals, Saint-Valéry-en-Caux*, et daté : *5 décembre 1864*.

Toile. Haut., 39 cent.; larg., 31 cent.

Cals (Adolphe-Félix)

12 — *La Grand'mère.*

A côté d'une cheminée dont on aperçoit le foyer, la grand'mère est assise.

Vêtue de noir, la tête couverte d'un fichu d'étoffe qui laisse néanmoins apercevoir un coin de sa coiffe blanche, elle raccommode de ses vieilles mains fatiguées un vêtement de couleur bleue.

Devant elle, assise sur son petit fauteuil de paille, la fillette s'est abandonnée au sommeil : la tête appuyée sur les genoux de l'aïeule, elle dort....; elle dort, laissant immobiles sur les carreaux de la pièce les jouets dont elle rêve peut-être.

Et l'aïeule s'arrête un instant de coudre pour jeter sur les joues roses, que caresse un rayon de soleil, un infini regard de tendresse.

Sur la table, à droite, se trouvent les restes du repas : la vieille assiette de terre contre laquelle s'appuie une cuillère, deux pommes, un pichet et le pain.

Signé à gauche, en bas : *Cals, 1870.*

Toile. Haut., 60 cent.; larg., 50 cent.

Coignard (L.)

13 — *Vaches paissant dans la cour d'une ferme.*

Signé à droite, en bas.

Toile. Haut., 55 cent.; larg., 66 cent.

Corot

14 — *La Mare.*

A gauche, un terrain qui s'élève en pente douce et dont la verdure est dominée par un massif d'arbres aux frondaisons balancées. Au fond, se silhouettant sur le ciel clair, une construction aux lignes droites, dont la partie supérieure est coiffée d'une coupole. A droite, au premier plan, une mare dont la surface laisse émerger des touffes de roseaux ; près de l'une d'elle, un homme est dans l'eau jusqu'à mi-jambe. Il est vêtu d'un pantalon brun, d'une chemise blanche et coiffé d'un béret rouge.

Signé à gauche, en bas.

Toile. Haut., 46 cent. 1/2 ; larg., 60 cent. 1/2.

Damoye

15 — *Mare au milieu de la prairie ; effet d'automne.*

Signé à gauche, en bas. Daté : *1874.*

Toile. Haut., 50 cent.; larg., 73 cent.

Delpy

16 — *Lever de lune au bord de l'Oise.*

A l'endroit où la rivière tourne, à gauche, la berge qui monte en pente douce et dont le gazon est traversé par quelques sentiers... Sur l'un d'eux, un paysan s'éloigne, monté sur un cheval blanc. Près de la rive, du même côté, une barque de pêcheurs est montée par deux hommes dont l'un manœuvre les avirons. Sur la rive opposée, deux chalands sont amarrés côte à côte. Au fond, on aperçoit une colline qui s'élève derrière des frondaisons et dans le ciel où se traînent les dernières clartés fauves d'un jour d'été qui s'achève, la lune apparaît, disque ambré dont les reflets s'enfoncent dans l'eau pleine de frissons.

Signé à droite, en bas.

Toile. Haut., 32 cent.; larg., 60 cent.

Durand (Ludovic)

17 — *La Tranchée des Anglais, à Granville.*

Signé à droite, en bas.

Panneau. Haut., 16 cent.; larg., 24 cent.

Durand (Ludovic)

18 — *Granville, le Roc.*

Signé à gauche, en bas.

Panneau. Haut., 16 cent.; larg., 24 cent.

Feyen-Perrin

19 — *Le Retour de la pêche aux huîtres.*

Signé à gauche, en bas.

Toile. Haut., 92 cent.; larg.. 67 cent.

Feyen-Perrin

20 — *Le Retour de la pêche.*

Signé à gauche, en bas.

Toile. Haut., 65 cent.; larg., 45 cent.

Feyen-Perrin

21 — *Tricoteuses assises.*

Signé à gauche, en bas.

Toile. Haut., 41 cent.; larg., 32 cent.

Feyen-Perrin

22 — *L'Attente.*

Signé à droite, en bas.

Carton. Haut,, 24 cent.; larg., 34 cent.

Feyen-Perrin

23 — *Paysanne.*

Signé à gauche, en bas.

Carton. Haut., 27 cent.; larg., 35 cent.

Feyen-Perrin

24 — *Pêcheuses sur la plage.*

Signé à gauche, en bas.

Carton. Haut., 18 cent.; larg., 33 cent.

Feyen-Perrin

25 — *Jeune Fille.*

Signé à droite, en bas.

Panneau. Haut., 34 cent.; larg., 25 cent.

Feyen-Perrin

26 — *Aux îles Chaussey.*

Signé à gauche, en bas.

Toile. Haut., 32 cent.; larg., 47 cent.

Fortuny

27 — *L'Abbé galant.*

A droite, quelques groupes de figures, assises autour de guéridons. A gauche, deux jeunes femmes, vêtues, l'une de blanc et l'autre de jaune clair, écoutant les propos d'un abbé galant qui se presse à leur suite.

Signé à gauche, vers le haut, dans la pâte.

Panneau. Haut., 25 cent. 1/2 ; larg., 36 cent. 1/2.

Gagliardini

28 — *Le Repos des pêcheurs.*

Signé à droite, en bas.

Toile. Haut., 39 cent.; larg., 62 cent.

Gagliardini

29 — *Pêcheurs sur la plage.*

Signé à droite, en bas.

Toile. Haut., 39 cent.; larg., 62 cent.

Garnier (Jules)

30 — *Galanterie après boire.*

Signé à gauche, en bas.

Panneau. Haut., 34 cent.; larg., 51 cent. 1/2.

Harpignies

31 — *Environs de Hérisson-les-Bains.*

A droite, un étang ; à gauche, un sol en
pente douce, planté de quelques arbres. Au
fond, une colline dominée par des ruines sous
un ciel bleu où s'envolent des nuages bleues.

Signé à gauche, en bas.

Daté : *1877.*

Panneau. Haut., 83 cent.; larg., 36 cent.

Harpignies

32 — *Église de Chateloy, près Hérisson-les-Bains.*

A droite, au sommet de la colline, l'église dresse vers le ciel bleu sa silhouette ensoleillée. Au bas de la colline, et en avant, un chemin se dessine, que suit un personnage.

Signé à gauche, en bas.

Panneau. Haut., 81 cent.; larg., 41 cent.

Huguet

33 — *Cavaliers arabes.*

Toile. Haut., 38 cent.; larg., 53 cent.

Impens
(Copie d'après Van Dyck)

34 — *Van Dyck au Tournesol.*

Un homme, le corps de profil, la tête tournée de trois quarts à droite, vêtu d'un costume rouge et vu jusqu'à mi-corps. De la main droite il désigne un soleil épanoui, dont la fleur d'or vieilli se détache sur un fond de ciel.

Signé à droite, en bas.

Toile. Haut., 75 cent.; larg., 59 cent.

L'original de ce tableau se trouve au Musée de Gotha.

Japy

35 — *Les Marais.*

Signé à droite, en bas.

Panneau. Haut., 32 cent.; larg., 42 cent.

Japy

36 — *Les Marais.*

Signé à droite, en bas.

Panneau. Haut., 32 cent.; larg., 42 cent.

Knyff

37 — *Coucher de soleil sur la rivière.*

A gauche, un champ planté de quelques arbres. A droite, un tournant de rivière au bord de laquelle se trouve un pêcheur à la ligne. Au fond, au-dessus de l'horizon, une traînée de feu dans le ciel déjà enveloppé de nuages sombres.

Signé à droite, en bas.

Panneau. Haut., 50 cent.; larg., 61 cent.

Kuehl

38 — *Chez le brasseur.*

Le sol est fait de pavés dont quelques-uns sont mouillés d'eau. A gauche, près d'un panier rempli de bouteilles vides, un homme nettoie l'intérieur d'une bassine de cuivre, pareille à celle qui se trouve déposée à droite. Au fond, à droite, au pied de l'escalier, et derrière une colonne qui porte les voûtes du plafond, un homme est assis à une table et va boire un verre de bière. Au fond, le soleil filtre à travers les fenêtres fermées qui laissent apercevoir des feuillages verts.

Signé à droite, en bas, en travers.

Toile. Haut., 1 m. 06 ; larg., 75 cent.

La Rochenoire

39 — *Vaches au pâturage.*

Signé à droite, en bas.

Toile. Haut., 66 cent.; larg., 94 cent. 1/2.

La Rochenoire

40 — *Vaches sous les pommiers fleuris.*

Signé à gauche, en bas.

Toile. Haut., 67 cent.; larg., 82 cent.

La Rochenoire

41 — *La Traite des vaches*.

Signé à gauche, en bas.

Toile. Haut., 51 cent.; larg., 61 cent.

La Rochenoire

42 — *Vache à l'herbage*.

Signé à droite, en bas.

Toile. Haut., 67 cent.; larg., 82 cent.

Lavieille (Eug.)

43 — *L'Hiver, à Rozoy*.

Signé à droite, en bas.

Toile. Haut., 38 cent.; larg., 60 cent.

Lavieille (Eug.)

44 — *Effet de neige, à Courpalay*.

Signé à droite, en bas.

Panneau. Haut., 25 cent.; larg., 41 cent.

Lavieille (Eug.)

45 — *Puits, à Barbizon*.

Signé à droite, en bas.

Panneau. Haut., 28 cent.; larg., 41 cent.

Lavieille (Eug.)

46 — *Le Moulin Aubert, à Bom-pierre.*

Signé à droite, en bas.

Toile. Haut., 46 cent.; larg., 36 cent.

Lavieille

47 — *La Vallée sèche, aux Sablons.*

Signé à droite, en bas.

Toile. Haut., 24 cent.; larg., 36 cent.

Lavieille

48 — *La Berge de Bry, au Perreux.*

Signé à gauche, en bas.

Toile. Haut., 23 cent.; larg., 36 cent.

Lavieille

49 — *Barbizon.*

Haut., 27 cent.; larg., 43 cent.

Le Roux (Constantin)

50 — *La Soupe du soir.*

Au coin de l'âtre, assise à gauche, la campagnarde attise les brindilles de bois qui flambent sous la marmite.

Signé à droite, en bas.

Toile. Haut., 45 cent.; larg., 54 cent.

Le Roux (Constantin)

51 — « *L'Innocent* ».

>> Signé à gauche, en bas.

>>> Panneau. Haut., 16 cent.; larg., 12 cent.

Lindlar

52 — *Le Lac des Quatre-Cantons.*

>> Signé à gauche, en bas.

>>> Toile. Haut., 68 cent.; larg., 85 cent.

Meyer (W.)

53 — *L'Arrivée des bateaux de pêche
sur la plage.*

>> Signé à droite, en bas.

>>> Toile. Haut., 58 cent. ; larg., 89 cent.

Monticelli

54 — *Le Rendez-vous.*

>> Deux jeunes femmes attendent au bas d'un parc. L'une est en robe rouge, l'autre en robe jaune. Toutes deux ont un corsage décolleté. Devant elles, un chien est en arrêt. Vers la gauche, on aperçoit un gentilhomme, en costume Henri II, qui a arrêté son cheval blanc. Du même côté, les frondaisons jaunies par l'automne s'écartent pour laisser apercevoir un peu de ciel ensoleillé.

>> Signé à gauche, en bas.

>>> Panneau. Haut., 48 cent.; larg., 40 cent.

Pasini

55 — *Caravane se rendant à une mosquée.*

Toile. Haut., 27 cent.; larg., 44 cent.

Pelouse (G.)

56 — *La Rue du Pont, à Chalèze (Doubs).*

A droite et à gauche, les petites maisons à un étage, coiffées de tuiles brunies par les averses. A gauche, un bouquet d'arbres aux frondaisons automnales, au pied desquels une paysanne debout, la tête prise dans un bonnet blanc, est entrain de donner du grain à ses poules. Au milieu, sur le sol, une traînée de soleil. Au fond, des arbres, dont les branches, l'une vers l'autre élancées, forment une voûte.

Ciel bleu sans nuages.

Signé à gauche, en bas.

Toile. Haut., 44 cent. 1/2 ; larg., 63 cent.

Petitjean (E.)

57 — *Au Temps de la moisson.*

Le champ au bord de la rivière.

Signé à gauche, en bas.

Toile. Haut., 46 cent.; larg., 35 cent.

Stevens

62 — *La Jetée, au Havre.*

Au premier plan, la plage, puis la mer au milieu de laquelle s'avance la jetée, puis les falaises, puis le ciel embrasé par les feux du soleil couchant ; une grande nuée d'orage s'envole.

Signé en bas, vers la gauche.

Panneau. Toile. Haut., 73 cent.; larg., 59 cent.

Stock

63 — *Le Bord de la mer.*

Signé à gauche, en bas.

Panneau. Haut., 26 cent.; larg., 34 cent.

Sylvain

64 — *A marée haute.*

Signé à droite, en bas.

Toile. Haut., 36 cent.; larg., 66 cent.

Sylvain

65 — *A marée basse.*

Signé à droite, en bas.

Toile. Haut., 36 cent.; larg., 66 cent.

Sylvain

66 — *La Carte d'état-major.*

Signé à droite, en bas.

Toile. Haut., 43 cent.; larg., 34 cent.

Sylvain

67 — *En Grand'garde.*

Signé à droite, en bas.

Toile. Haut., 43 cent.; larg., 34 cent.

Volkmar

68 — *Environs de Hérisson-les-Bains :
les chênes de Château-Renard,
par Hérisson-les-Bains.*

Sur le chemin, qui tourne au-devant d'un bouquet d'arbres, passe un troupeau de vaches et de brebis. Au fond, un étang sous un ciel ensoleillé.

Signé à droite, en bas.

Daté : *1874.*

Panneau. Haut., 82 cent.; larg., 41 cent.

École moderne

69 — *Fleurs.*

Un lys, des lilas, des pâquerettes et autres fleurs, dans des pots ou caisses, posés à terre.

Toile. Haut., 1 m. 28 : larg., 96 cent.

AQUARELLES
PASTELS & DESSINS

Boudin

70 — *Le marché sur la côte de Grâce, à Honfleur.*

Signé à droite, en bas.

Daté : *1857.*

Pastel. Haut., 19 cent.; larg., 28 cent. 1/2.

Boudin

71 — *Coucher de soleil sur la mer; marée basse.*

Signé en bas, vers la droite.

Pastel. Haut., 14 cent. 1/2; larg., 22 cent.

Boudin

72 — *Le Ciel d'azur après l'orage.*

Signé à gauche, en bas.

Pastel. Haut., 18 cent.; larg., 27 cent.

Le Roux (Constantin)

77 — *Marchande de fleurs à Londres.*

Vue jusqu'à mi-corps, de face, la tête, rieuse, penchée vers l'épaule gauche, un ruban bleu passé dans les cheveux roux dénoués ; un corsage clair ouvert sur la poitrine.

Signé à gauche, en bas.

Pastel. Haut., 54 cent.; larg., 46 cent.

Lhermitte

78 — *La Sieste.*

A l'entrée du bois, au revers d'un talus, après la collation, l'homme alourdi s'est couché sur le ventre et dort. Près de lui, la femme assise le regarde avec un regret du silence auquel elle est tenue. Au fond, on aperçoit une meule et un toit de chaume, et plus loin, à l'horizon, un ciel d'azur admirablement pur.

Signé à gauche, en bas.

Pastel. Haut., 30 cent.; larg., 43 cent.

Puvis de Chavannes (P.)

79 — *Une figure de la composition « La Guerre », au musée d'Amiens.*

Dessin.

Puvis de Chavannes (P.)

80 — *Autre figure de la composition « La Guerre », au musée d'Amiens.*

Dessin.

Troyon

81 — *La Passerelle aux bœufs.*

Sur l'étroite passerelle qui franchit le ruisseau, les bœufs se sont engagés un à un, calmes, lourds, presque pensifs, pour gagner le pré voisin qui s'étend jusqu'à l'orée du bois. Au fond, quelques arbres dressent leur panache tremblant sur l'horizon ; et dans le ciel inondé de lumière, de grands nuages obéissent à la poussée calme du vent.

Signé à gauche, en bas.

Dessin au crayon sur papier mastic avec quelques rehauts de blanc.

Haut., 20 cent.; larg., 32 cent.

Anonyme

82 — *La Barque échouée.*

La mer se retire, laissant de place en place quelques mares à reflets argentés. A droite, une barque, à la coque peinte en noir, s'enfonce dans le sable humide. Au fond, le ciel mouillé de pluie porte des nuages blancs et des nuages gris qui se heurtent.

Aquarelle. Haut., 35 cent.; larg., 52 cent.

GRAVURES

Taunay

GRAVÉ PAR DESCOURTIS

83 — Deux gravures :

   1° *La Parade de la foire (Arlequin).*

En bas, une remarque avec cette devise : *Bien faire et laisser dire.*

   2° *La Danse villageoise.*

En bas, des armes d'Angleterre.

Taunay

GRAVÉ PAR DESCOURTIS

84 — Deux pièces :

Le Chien savant.

Le Duel.